DE L'ORIGINE
DU
DROIT DE TESTER,

MÉMOIRE

QUI A OBTENU LA SECONDE MÉDAILLE D'OR AU CONCOURS DES DOCTEURS DEVANT LA FACULTÉ DE DROIT DE GRENOBLE, EN 1843;

PAR J.-B. ONOFRIO,
Substitut du Procureur du Roi près le Tribunal de St-Étienne.

LYON.
IMPRIMERIE TYPOGRAPHIQUE ET LITHOGRAPHIQUE
DE LOUIS PERRIN,
Rue d'Amboise, 6, quartier des Célestins.

1844.

DE L'ORIGINE

DU

DROIT DE TESTER.

A LA

FACULTÉ DE DROIT

DE GRENOBLE.

HOMMAGE DE RECONNAISSANCE.

J.-B. Onofrio.

La question à traiter était celle-ci :

Exposer, d'après l'histoire et les documents juridiques, l'origine et le fondement, soit du droit de tester, soit de la forme des testaments chez les Romains, et développer les divers changements qu'a subis leur législation sous la république et sous les empereurs jusqu'à Justinien.

DE L'ORIGINE

DU

DROIT DE TESTER,

MÉMOIRE

QUI A OBTENU LA SECONDE MÉDAILLE D'OR AU CONCOURS DES DOCTEURS
DEVANT LA FACULTÉ DE DROIT DE GRENOBLE, EN 1843;

PAR J.-B. ONOFRIO,

Substitut du Procureur du Roi près le Tribunal de St-Étienne.

LYON.

IMPRIMERIE TYPOGRAPHIQUE ET LITHOGRAPHIQUE
DE LOUIS PERRIN,
Rue d'Amboise, 6, quartier des Célestins.

1844.

DE L'ORIGINE

DU

DROIT DE TESTER.

> Testamenta mero jure nullius essent momenti, nisi anima esset immortalis.
>
> LEIBNITZ.

> Au milieu de ces discussions, il est un guide que l'on peut suivre avec sûreté, c'est la voix que la nature a fait entendre à tous les peuples et qui a dicté presque toutes les législations.
>
> *Motifs du Code civil* (1).

La faculté de tester est-elle de droit naturel ou de droit civil? En d'autres termes, ce pouvoir de transmettre à un successeur de son choix les biens qu'il a possédés pendant sa vie, l'homme le tient-il de sa nature même, et comme une conséquence de ses droits sur les choses matérielles? Est-ce seulement un pouvoir qu'il s'est arrogé un jour de lui-même, et que les législateurs ont plus tard sanctionné, comme une institution utile et bien inventée? Grave question, toujours débattue, et sur laquelle les autorités les plus imposantes sont divisées.

(1) M. Bigot-Préameneu. — Vey. Fenet, t. 12, p. 510.

D'un côté, pour ne citer que des jurisconsultes, Cujas (1), Grotius (2), Leibnitz (3), Gravina (4), Vinnius (5), Furgole (6), Burlamaqui (7), et presque tous ceux qui écrivaient avant le siècle dernier, tiennent pour l'origine naturelle des testaments. Dans l'autre camp il faut compter, après Puffendorf (8) qui hésite, Bynckershœck (9), Montesquieu (10), presque toute l'école du siècle dernier et celle du commencement de ce siècle : à la tête de celle-ci, Merlin (11), Toullier (12) et Proudhon (13).

Sur une question qui paraît simple, une telle divergence étonne d'abord. Il semble même que tant de graves esprits se soient bien vainement préoccupés de cette difficulté, et que lorsque tout le monde reconnaît au législateur le droit de réglementer la faculté de tester, il soit assez inutile de s'enquérir de son origine. Mais en y réfléchissant attentivement, et quand il s'agit de tracer d'une manière précise les limites du pouvoir du législateur en pareille matière, on voit bientôt que la divergence remonte plus haut, et que la question se rattache à d'autres aussi importantes et plus complexes. L'observation apprend, en effet, que sa solution à chaque époque a toujours été en harmonie avec le système général de philosophie qui était alors dominant.

(1) Comment. ad tit. D. *Qui test. fac. poss.* — Edit. Fabrot, t. 1, p. 1064.
(2) De jure belli ac pacis, lib. 2, cap. 6, § 14.
(3) Voy. plus loin.
(4) Origines juris civilis, lib. 2, cap. 40.
(5) Instit. de testam. ordin.
(6) Traité des testaments, chap. 1.
(7) Principes du droit de la nature, 4e part., chap. 9, § 12.
(8) Systema juris naturæ et gentium, lib. 4, cap. 10.
(9) Observ., lib. 2, cap. 2, *De orig. success.*
(10) Esprit des lois, liv. 27, chap. unique.
(11) Répert., v° *Testament.*
(12) Droit civil, t. 5, n. 343.
(13) De l'usufruit, t. 2, n. 802.

On le comprend, au reste, facilement. Ceux qui ont fait à la propriété une origine toute civile, sans fondement aucun sur la loi naturelle, ceux qui ont donné exclusivement ce nom de loi naturelle aux règles qui devaient gouverner les hommes dans un certain état de nature où il n'y avait point de société, ceux-là bien certainement n'ont pu trouver dans leur prétendu droit naturel l'origine de la faculté de tester. Il leur a fallu l'attribuer au droit civil, c'est-à-dire à l'invention purement humaine, comme ils avaient attribué à l'homme seul l'origine de la propriété et la société elle-même.

Ceux, au contraire, qui ont regardé comme une chimère ce singulier état de nature, ceux qui ont cru que la nature de l'homme est éminemment sociable, ceux qui ont regardé la propriété comme une conséquence nécessaire de l'état social humain, ceux-là seuls ont pu vouloir donner à la faculté de tester le caractère qu'ils avaient reconnu à la propriété elle-même, celui de dériver de la nature de l'homme. Si, parmi ces derniers, quelques-uns encore ont hésité, nous aurons à voir s'il n'y a pas eu inconséquence dans leur système; si, en détachant du droit de propriété la faculté de tester, ils n'enlevaient pas à ce droit une partie essentielle de ses attributs.

On sent donc, avant d'entrer dans cette discussion, la nécessité de s'entendre tout d'abord sur ces mots de *droit naturel*, afin de bien déterminer l'ordre d'idées et de principes dans lequel il s'agit d'admettre ou de ne pas admettre la faculté de tester. Voyons bien sommairement ce qu'on a compris et ce qu'on doit comprendre par ces mots. Nous rencontrerons déjà sur ce premier terrain les deux systèmes en présence.

Il faut concevoir dans l'histoire de l'humanité, ont dit quelques philosophes, un temps où les hommes ne possédaient rien en propre, où, vivant entièrement isolés les uns des autres, ils prenaient de la terre ce qu'elle produisait spontanément, sans qu'aucun d'eux voulût retenir pour lui seul une portion quelconque des choses matérielles, et s'en assurer indéfiniment la jouissance à l'exclusion d'autrui. Plus tard, et par une révolution dont on n'indique d'autre cause que les besoins ou les passions des hommes, besoins et passions qui auraient ainsi surgi subitement à une époque déterminée, les hommes ont eu le désir de posséder séparément les choses matérielles, la terre surtout. Chacun en a occupé une partie; et, par une convention expresse ou tacite, chacun a été reconnu propriétaire exclusif de la portion qu'il avait envahie. Le fait de l'occupation est devenu un droit par cette convention. Ainsi ont pris naissance les sociétés, et avec elles la propriété.

Arrêtons là, quant à présent, l'exposition de cette théorie, et ne nous occupons que de son principe. Ce principe, on le voit d'abord, est une grave erreur philosophique depuis longtemps réfutée. Cet état de nature dans lequel on suppose que l'homme a pu exister quelque temps est une pure chimère, repoussée par les traditions historiques et par l'étude de l'homme. C'est l'hypothèse d'Epicure et de sa secte. Mêlée quelquefois à la fable de l'âge d'or qui n'est que la tradition confuse d'un premier état où la nature de l'homme était meilleure, elle s'en distingue en ce qu'elle suppose l'homme non point dans un état plus relevé qu'aujourd'hui, mais au contraire plus misérable et plus sauvage. Tous les poëtes qui ont chanté l'état de nature, comme une condition où l'homme a réellement vécu, entre autres Lucrèce (1) et Horace (2), appartenaient à l'école d'Epicure. Combattue chez les anciens par

(1) De rerum naturâ, lib. 5, v. 93.
(2) Sat. 3, v. 99.

Aristote (1), par Cicéron (2), par Sénèque (3), par Epictète (4) surtout, cette doctrine n'a pu revivre dans les temps modernes qu'aux époques où la philosophie a été dominée par le matérialisme. Pour ne nous attacher qu'aux philosophes dont les travaux touchent de près à la jurisprudence, rappelons que Grotius (5), entre tous, l'a victorieusement repoussée, et que Puffendorf (6), qui hésite sur ce point comme sur presque tous, n'a parlé de l'état de nature que comme d'une simple hypothèse. Le matérialiste Hobbes (7) l'a posée en principe et en a tiré les plus horribles conséquences. Montesquieu en est imprégné (8). Enfin Rousseau, malgré ses différences avec les philosophes de son siècle, l'a popularisée dans son livre du *Contrat social.*

Tout a été dit sur les absurdités et les inconséquences de cette doctrine. En premier lieu, les besoins et les passions de l'homme auxquels elle attribue l'origine des sociétés n'ont-ils pas toujours existé? ont-ils pu laisser subsister un instant l'état de nature? Aussi, en même temps qu'on place l'homme dans cette condition de barbarie, est-on obligé d'emprunter à la fable de l'âge d'or une partie de ses fictions, et de supposer dans l'ordre de la nature physique des faits contemporains entièrement contraires à ceux qui se passent sous nos yeux. D'autre part, cette hypothèse matérialiste ravale l'homme à la condition des animaux. Nulle différence ne se peut signaler entre l'homme dans l'état de nature et les autres habitants de la terre : l'homme n'y garde ni la sociabilité, ni la parole,

(1) Endem., lib. 7, cap. 10.
(2) De finib. bon. et mal., lib. 3, cap. 20.
(3) De benef., lib. 4, cap. 18.
(4) Arrien, Dissert. lib. 2, cap. 20.
(5) Discours préliminaire.
(6) Liv. 2, chap. 2.
(7) De cive.
(8) Esprit des lois, liv. 26, chap. 15 et *passim.*

ni la pensée. Enfin, ce que ce système n'explique point, c'est par quels moyens l'homme a pu passer de cet état de nature à l'état de société; comment une convention, un contrat social a pu se former entre de pareils êtres; comment tous les hommes ont pu y prendre part. Si tous n'y ont point participé, il a donc pu se trouver des hommes en dehors de la société, des hommes refusant à bon droit d'obéir à une convention que leur volonté n'avait point concouru à former. Si la société ne repose point sur une loi de la nature humaine, comment l'obligation de vivre dans la société et d'en respecter les règles peut-elle être imposée aux hommes de nos jours qui voudront refuser leur adhésion à cette prétendue convention des temps primitifs ? Les absurdités se pressent ici en si grand nombre, qu'on renonce à les énumérer.

Il faut le proclamer avec la philosophie de ce siècle. L'homme n'a pas été créé pour cette triste condition de l'état de nature, et n'a jamais pu s'y trouver. L'homme est un être éminemment sociable ; sa nature est de vivre avec ses semblables. Tous les peuples que les trois derniers siècles ont fait connaître à l'Europe nous ont présenté un état de société plus ou moins compliqué, plus ou moins bien réglé. Aucune terre de l'Amérique ou de l'Océanie ne nous a encore montré des hommes assez dégénérés pour vivre sans aucun lien entre eux. Partout nous avons trouvé des nations ou au moins des tribus, c'est-à-dire des hommes vivant en société.

Si l'état de nature est une pure supposition démentie par les faits, démentie par l'étude de l'homme, pourquoi chercherions-nous les règles qui ont pu gouverner cet état chimérique? pourquoi donnerions-nous le nom de *droit naturel* aux lois d'une nature contraire à celle de l'homme? Si l'homme est essentiellement sociable, s'il a toujours vécu en société, les règles générales qui ont dû gouverner les sociétés primitives et qui les gouvernent encore toutes, voilà son *droit naturel*:

c'est celui qui convient à sa nature, *naturæ congruens*, dit Cicéron. Ce droit n'est pas ce qu'Ulpien, dans un système de philosophie qu'il n'est pas bien aisé de comprendre, appelle *jus naturale*, c'est-à-dire, les règles que la nature a enseignées à tous les êtres vivants, que les animaux pratiquent nécessairement et l'homme librement, mais qui ne sont pas spéciales à ce dernier, *quod natura omnia animalia docuit*, *nam jus istud non humani generis proprium est* (1). Le droit naturel de l'homme, c'est le *jus gentium* d'Ulpien ; ce sont les règles que toutes les nations reconnaissent, qui dérivent de la sociabilité elle-même, qui distinguent l'homme de tous les autres êtres et ne sont communes et naturelles qu'aux hommes seuls, *quo gentes humanæ utuntur*, *quod solis hominibus inter se commune est* (2).

C'est ainsi que Grotius et Puffendorf lui-même entendent le droit naturel. Prouvons-le par une courte citation de l'un et de l'autre :

« *Cette sociabilité*, dit le premier..., ou *ce soin de maintenir la société* d'une manière conforme aux lumières de l'entendement humain, est la source du *droit naturel proprement ainsi nommé* (3). »

Puffendorf a dit : « Tout ce qui contribue nécessairement à la *sociabilité* doit être tenu pour prescrit par le *droit naturel*, et tout ce qui la trouble au contraire doit être censé défendu par ce même droit (4). »

C'est encore là le caractère que la philosophie spiritualiste de nos jours a assigné au droit naturel.

(1) L. 1, § 3. *De justit. et jur.* — Instit. pr. *De jur. natur.*

(2) L. *ead.* D. § 4. — Instit. eod., § 1. — Gaius a dit mieux encore : *Jus naturale... quod ratione naturali inter omnes homines peræquè servatur...*, *quod antiquius cum genere humano proditum est.* L. 1. D. *De acquir. rer. dom.*

(3) Trad. de Barbeyrac, Disc. prélim., § 8.

(4) Trad. de Barbeyrac, liv. 3, chap. 22.

Il fallait ainsi déterminer d'une manière précise les termes dont nous devions nous servir, et faire bien connaître l'ordre d'idées auquel il s'agit d'attribuer le testament. Si par le droit naturel on entend la loi de l'état de nature de Hobbes et de Rousseau, jamais, nous le répétons, la faculté de tester ne pourra sortir de ce droit : il faut en attribuer l'origine à un droit d'invention humaine. Mais si le droit naturel de l'homme consiste dans les règles générales qui gouvernent les sociétés et qui dérivent directement de la nature humaine, il est possible de chercher dans ce droit la faculté de tester. Il faut voir d'abord, en fait, si on rencontre la reconnaissance de ce pouvoir dans toutes les sociétés; en droit, ensuite, s'il est une conséquence logique de la nature de l'homme et de l'état de société.

Telle sera en effet la division de ce travail. Chercher d'abord, par l'histoire, si elle nous montre chez tous les peuples et dans tous les temps la faculté de tester à l'état de droit reconnu, ce sera l'analyse des faits. Examiner, en second lieu, si la faculté de tester est un appendice naturel de l'état de société dans lequel vivent les hommes, ce sera le témoignage de la philosophie. Abordant enfin les documents purement juridiques, nous appliquerons ces idées au type de toutes les législations, à la législation romaine : nous suivrons ses phases diverses, et, dans les règles par lesquelles elle a successivement modifié les testaments, nous chercherons encore la preuve de l'origine véritable de la faculté de tester.

I.

Dans un de ses beaux entretiens philosophiques, Cicéron a dit que le principe sur lequel s'accordent toutes les nations doit être réputé appartenir à la loi naturelle : *Omni autem in re consensio omnium gentium lex naturæ putanda est* (1). Si nous trouvons en effet chez tous les peuples et à toutes les époques une règle plus ou moins explicitement adoptée, nous pouvons au moins présumer qu'elle dérive de la nature même de l'homme, et cette présomption n'attend plus dès-lors pour se changer en preuve que la confirmation de l'analyse psychologique. Si donc dans toutes les législations la faculté de tester se montre à nous à l'état de droit reconnu, bien que réglé, modifié, quelquefois singulièrement restreint par la loi civile, nous aurons acquis pour notre démonstration cette première présomption dont l'importance n'est pas contestable.

L'histoire de l'Inde, de l'Egypte ancienne et des grands empires de l'Asie, et plus spécialement leurs législations civiles, sont aujourd'hui trop peu connues pour que nous puissions y recueillir des renseignements utiles à notre sujet. Le peu que nous savons de ces législations ne présente rien d'absolument exclusif du testament, et dans plusieurs faits de leur histoire on retrouve aisément quelque chose d'identique à une disposition à cause de mort.

L'existence du testament chez les Hébreux avant la loi de Moise est certaine : il y a sur ce point plusieurs textes célèbres. Tous les auteurs qui se sont occupés de cette question ont cité le chap. 15 de la Genèse, v. 23, dans lequel Abraham se plaint à Dieu de n'avoir point d'enfants, et dit qu'il prendra pour héritier son serviteur Eliézer. Abraham avait des parents : près de lui, dans la terre même de Chanaan, existait Loth son neveu. C'était donc bien par sa volonté et par son propre choix qu'il faisait Eliézer son héritier. Plus loin, au chap. 25, v. 5, il est dit qu'Abraham laissa à Isaac, fils de Sara, tous ses biens, et des présents seulement aux enfants qu'il avait eus de ses au-

(1) Tusculanes, liv. 1, n. 13.

tres femmes. Enfin, la bénédiction d'Isaac à Jacob (1) par laquelle il lui donne les biens qui suivant l'usage eussent dû appartenir à l'aîné, la bénédiction de Jacob à ses enfants (2), par laquelle il donne double part à Joseph, un des plus jeunes, sont autant de preuves de la puissance reconnue aux pères de famille de changer les règles que l'usage avait introduites sur la succession aux biens. On peut encore citer un texte formel du livre de Job au chap. 42, v. 15.

La loi de Moise paraît avoir assez rigoureusement restreint la faculté de tester. Tendre à conserver, autant que faire se pourrait, l'égalité primitive du partage de la Terre sainte et empêcher la pauvreté, fut l'un de ses principaux caractères. C'est à cet ordre d'idées qu'il faut attribuer l'institution du jubilé de la cinquantième année, époque à laquelle les biens vendus revenaient à leur ancien propriétaire. Dans ce système, dont le but général était de fixer sur la terre conquise le peuple hébreu, jusque-là errant, on conçoit que le testament ne devait avoir qu'une bien petite place. Il y existait cependant, au moins en ce qui concerne les enfants. Le savant Anglais Selden (3) en a trouvé la preuve au Deutéronome, chap. 21, v. 16, au 4e livre des Rois, chap. 20, v. 1, et dans Ezéchiel, chap. 46, v. 17 et 18.

Chez les Grecs, l'existence du testament nous est aussi démontrée par les documents historiques. Il est impossible de ne pas voir dans certains passages d'Homère le testament *lato sensu;* et notamment il faut bien attribuer à la faculté de disposer pour le temps où l'on n'existera plus la fameuse donation de Télémaque à Pirée (4), dans laquelle le juriscon-

(1) Genèse, chap. 27.

(2) Genèse, chap. 48, v. 22; et chap. 49. — Paralipomenon., liv. 1, chap. 5, v. 1.

(3) *De successione in bonis Hebræorum.*

(4) Odyssée, ch. XVII, v. 79.

sulte Marcien (1), et Justinien (2) d'après lui, ont vu le type de la donation *mortis causâ*. A Lacédémone, la faculté de tester fut toujours entièrement libre. Ce que Plutarque nous a fait connaître des lois de Solon indique que le testament existait à Athènes avant ce législateur, et qu'il le permit encore à tous les citoyens qui étaient sans enfants ou qui avaient à se plaindre des leurs (3).

Nous traiterons plus loin avec détails de la législation de Rome. Il faut seulement rappeler ici l'importance que les Romains attachèrent toujours à ne point mourir intestats, et la disposition célèbre de la loi des douze Tables qui accordait au père de famille une entière souveraineté dans la disposition de ses biens. Il faut remarquer de plus que Montesquieu s'est évidemment trompé lorsqu'il a dit (4) que les testaments n'existaient point à Rome avant la loi des douze Tables. L'histoire dément cette assertion, et les interprètes ont noté quelques passages de Plutarque et de Macrobe qui parlent de testaments au temps de Coriolan et au temps du roi Ancus-Martius (5). Denis d'Halycarnasse cite aussi une loi des premiers rois de Rome, qui fait supposer l'existence de la liberté de tester.

Si l'on en croit Tacite, les Germains ne connaissaient pas le testament : chez eux chacun avait pour héritiers ses enfants : *Heredes successoresque sui cuique liberi, et nullum testamentum* (6). Mais Tacite, tout occupé dans son livre *De*

(1) L. 1, D. *De mort. caus. donat.*

(2) Instit. *De donat.*, § 1.

(3) Plutarque, Solon. — Voyez les auteurs grecs que cite Heineccius, Antiq. Rom. *De testam. ord.*, § 5, à la note.

(4) Esprit des lois, liv. 27.

(5) Plutarque, Coriolan, Romulus. — Périzonius, *ad legem Voconiam.* — Heineccius, Antiq. Rom. *De testam. ordin.*, § 1.

(6) *De moribus Germaniæ.* 20.

2

moribus Germaniæ à chercher des différences entre les Romains de son temps et les Barbares dont il fait ses héros, Tacite est-il ici un témoin irrécusable ? Ecrivant avec le parti pris de mettre en opposition perpétuelle les deux peuples pour tout blâmer chez l'un en louant tout chez l'autre, n'a-t-il point fermé les yeux pour ne point voir en Germanie une institution dont on avait souvent abusé à Rome? et quand le grand historien fait plus du roman que de l'histoire, n'est-il pas permis de douter de ses assertions? Il est un témoignage plus sûr, celui des législations mêmes des Germains. La loi Salique (1) contient une formule de donner et de tester dont l'importance n'a peut-être pas été assez remarquée. Voici comment elle est rappelée par M. Fauriel dans son Histoire de la Gaule méridionale sous la domination des conquérants germains(2) : « Au nombre des usages germaniques *primi-* « *tifs* consacrés par la loi Salique, il faut comprendre la cé- « rémonie par laquelle un homme en désignait un autre pour « *héritier* ou pour donataire de *la totalité* ou d'une partie « quelconque de son bien. Cette cérémonie se bornait, de la « part du donateur, à jeter dans le sein du donataire ou à lui « mettre entre les mains une branche de verdure, un jonc, « un brin d'herbe, ou toute autre chose pareille, en nommant « et spécifiant la chose donnée. » A la seule lecture de ce passage, deux observations se présentent. D'abord, la formule elle-même et le symbole qu'elle renferme indiquent évidemment qu'elle s'applique surtout à une universalité et à une disposition qui ne devait avoir effet qu'à la mort du disposant. Car, pour donner entre vifs un objet particulier, il n'eût pas été nécessaire d'employer un symbole. Mettre en possession de la chose elle-même eût été plus simple, et il n'est pas besoin

(1) Tit. 48. *De affatomia.*
(2) Chap. 12, t. 2, p. 24.

de dire que la fiction n'intervient jamais que lorsque la réalité est matériellement ou légalement impossible. En second lieu, il faut nécessairement reconnaître au caractère de cette cérémonie un usage très ancien dont l'origine ne peut se placer à l'époque de l'entrée des Germains dans les provinces romaines, mais qui remonte aux temps les plus reculés de leur nationalité, aux temps où ils habitaient les profondeurs inconnues des forêts du Nord. Voilà donc encore, nonobstant l'assertion de Tacite, le testament chez un peuple primitif, dans une société entièrement différente des sociétés civilisées de l'antiquité.

Quant aux nations modernes, aucun doute ne peut s'élever. Chrétiennes, musulmanes ou idolâtres, toutes reconnaissent à l'homme, sous certaines restrictions, le pouvoir de disposer de ses biens après sa mort, de se créer par sa seule volonté un successeur qui continuera sa personne et exercera les droits qu'il avait sur les choses matérielles. Il ne faut pas cependant oublier de noter dans cet aperçu historique combien le christianisme a toujours été favorable à la liberté de tester, partout où il a exercé son influence sur la loi civile. Et si toujours, même au siècle dernier, on est convenu que le christianisme porte en lui la plus pure essence et la plus complète expression de la loi naturelle, il faut bien reconnaître dans ce rapprochement une présomption grave en faveur de l'origine naturelle des dispositions à cause de mort.

Enfin, à défaut de notions précises sur la législation de certains peuples anciens, ou de quelques sauvages nouvellement connus, ne sait-on pas au moins que chez tous une des règles les plus sacrées, c'est le respect de la volonté des défunts? Et qu'est-ce donc que ce respect de la volonté des défunts, sinon le premier principe de la faculté de tester? N'est-ce pas la reconnaissance de cette vérité, que la pensée de l'homme et sa volonté survivent à son existence sur la terre; que cette volonté peut encore régir, après la mort, les choses qu'il possédait pendant sa vie ? C'est la faculté de tester non encore organisée par la loi civile, mais reconnue et consacrée par la conscience et par un usage général, qui est l'expression de la conscience.

Faut-il maintenant regarder comme contraires aux faits que nous venons d'énumérer les législations de certains peuples et de certaines époques où le testament nous apparaît si rigoureusement restreint, qu'il n'existe presque plus? Parce que, dans certains cas exceptionnels, une puissance oppressive a bouleversé le droit civil et en a arraché le testament par des considérations toutes de temps et de lieu, faut-il dire que le droit de tester n'a pas eu ce consentement universel qui révèle une institution naturelle? Oui, à certaines époques, la faculté de tester a presque disparu de quelques législations. A certaines époques, non content de la régler pour la mettre en harmonie avec les autres libertés de l'homme, le droit positif a cherché à l'étouffer. Mais le droit naturel n'a-t-il point parfois été oublié, et les libertés naturelles de l'homme singulièrement violées? Lorsque les peuples de l'antiquité perdirent la véritable notion de la Divinité, ne s'éloignèrent-ils pas en même temps, et comme par une conséquence nécessaire, sur bien d'autres points des principes du droit naturel? L'esclavage, l'usage des sacrifices humains, l'exagération du pouvoir paternel et du pouvoir marital, la division absolue et tyrannique entre certaines classes d'hommes d'une même nation, poussée jusqu'à la prohibition du mariage entre les membres de ces diverses classes, ne sont-ce pas là autant de faits contraires au droit naturel? Et quand nous voyons s'obscurcir tant de principes sacrés, devons-nous être surpris que celui dont nous nous occupons ait eu parfois le même sort? En France, lorsque les lois de la Convention (1) *abolirent la faculté de disposer* envers les héritiers légaux, et la réduisirent à une portion très minime vis-à-vis des autres personnes, n'était-ce pas le temps où toutes les libertés naturelles et civiles étaient sacrifiées à une prétendue liberté politique? « De ce que le testa-« ment, a dit Cujas, aurait été entièrement prohibé chez cer-« tains peuples, il ne faudrait pas conclure qu'il n'est pas de « droit des gens, pas plus qu'en voyant les Perses autoriser « l'inceste, on ne pourrait dire que l'inceste n'est pas ré-« prouvé par le droit naturel. *Non ideò minùs sunt testa-« menta juris gentium; sicut quòd incestum Persis probetur, « non ideò minùs jure naturali turpe est* (2). »

Mais ce qui révèle précisément le caractère de la faculté de tester, c'est la résistance que font en pareil cas les esprits au joug sous lequel la loi politique veut faire plier les droits naturels de l'humanité. Nous verrons tout-à-l'heure la faculté de tester, lutter à Rome contre toutes les entraves que lui imposait l'aristocratie patricienne, et sortir toujours de la lutte plus forte et plus libre. En France, on sait combien furent impopulaires les lois de la Convention auxquelles il vient d'être fait allusion; on sait par quels détours chacun s'ingéniait à éluder cette législation au moyen de laquelle une démocratie tyrannique prétendait consolider à jamais son empire: aussi, Portalis, disait-il plus tard en reportant sa pensée sur ces dispositions (3): « Lorsque la loi, sur des objets qui tiennent d'aussi « près que celui-ci à toutes les affections humaines, ne laisse « aucune liberté aux hommes, les hommes, de leur côté, ne « travaillent qu'à éluder la loi. Les libéralités déguisées, les

(1) Lois du 7 mars 1793, — du 5 brumaire an 2, — du 17 nivose an 2, et suivantes.

(2) Comment. ad titul. D. *Qui testam. fac. poss.* —Edit. Fabrot, t. 1, p. 1064.

(3) Discours préliminaire au projet de Code civil. — Fenet, t. 1, p. 521.

« simulations remplaceront les testaments, si la faculté de tes-
« ter est interdite ou trop restreinte.»

Concluons donc que partout et à toutes les époques, chez les nations barbares comme chez les nations policées, on trouve la reconnaissance expresse ou tacite du droit que l'homme a de disposer de ses biens après sa mort. Si, à certaines époques, cette faculté semble presque disparaître, c'est qu'alors le droit naturel a été étouffé par la loi politique; et si l'on ne peut plus guère retrouver dans l'État la faculté de tester, au moins est-il facile de la voir vivante encore dans le cœur des individus, résister à l'oppression, et se soustraire au joug par la ruse jusqu'au moment où elle parvient à le renverser.

Il est temps d'arriver à la seconde partie de notre démonstration. Il faut chercher, par l'étude philosophique de la nature de l'homme, la raison de ce sentiment universel que nous avons observé dans toutes les sociétés.

II.

Personne n'a exprimé d'une manière plus énergique et plus concise que Leibnitz la véritable cause de la faculté de tester: « Les testaments, dit-il (1), n'auraient aucune valeur de « droit, si l'âme n'était pas immortelle : *Testamenta verò « mero jure nullius essent momenti, nisi anima esset im- « mortalis.* » Et il ajoute : « Mais comme en réalité les morts « ne cessent pas de vivre, ils demeurent maîtres des choses, « et ceux qu'ils ont laissés pour héritiers doivent être regar- « dés comme leurs mandataires pour leurs biens : *Sed quia « mortui reverà adhuc vivunt, ideò manent domini rerum; « quos verò hæredes reliquerunt concipiendi sunt ut procu- « ratores in rem suam.* »

Le système contraire s'est, d'autre part, nettement formulé

(1) *Nova methodus discendæ docendæque jurisprudentiæ*, t. 4, 3e part.

par ces paroles prononcées à l'Assemblée constituante dans la discussion sur la loi du 5 septembre 1791 (1) : « Quel « est, disait Robespierre, le motif de cette faculté? L'homme « peut-il disposer de cette terre qu'il a cultivée, *lorsqu'il est « lui-même réduit en poussière* (2)? »

On le voit à ce simple exposé, c'est entre le spiritualisme et le matérialisme que la question s'agite. Il faut le prouver plus nettement, et la démonstration que nous avons entreprise sera faite. Pour cela, rétablissons en son entier le raisonnement sur lequel repose l'opinion qui attribue le testament au droit civil : sa réfutation nous donnera pour conclusion la proposition de Leibnitz. A l'entrée de cette discussion, nous retrouvons l'hypothèse générale que nous avons repousssée en commençant.

L'origine de la propriété, disent les partisans de cette doctrine, est toute de droit civil. Un temps a été où nulle société n'existait entre les hommes, où il n'y avait pas de propriété particulière : c'est ce qu'on a appelé l'état de nature. Plus tard, les besoins et les passions de l'homme donnent naissance aux sociétés. La propriété commence par le fait de l'occupation ; et, suivant les uns, elle n'est fondée que sur ce fait ; suivant d'autres, elle se confirme par une convention que font tous les hommes de la respecter à l'avenir. Ainsi la proprieté a pour cause un fait humain, ou une convention humaine ; elle n'a point d'autre auteur que l'homme, elle est de droit civil.

(1) Histoire parlementaire de la Révolution française, t. 9, p. 282.

(2) Nous empruntons ces deux citations à l'Histoire du Droit français de M. Laferrière. Le tome 2 contient, p. 245, une analyse très remarquable de la discussion qui s'éleva à l'Assemblée constituante sur la législation des testaments. Tout en adoptant la théorie de M. Laferrière, nous ne croyons pas à l'exactitude de tous les raisonnements par lesquels il cherche à l'établir. Nous ne croyons pas, par exemple, qu'aucun peuple ait jamais repoussé d'une manière absolue la croyance à l'immortalité de l'âme, pas plus que nous ne pensons qu'aucun peuple ait complètement refusé à l'homme le droit de disposer à cause de mort.

Mais si le droit de propriété commence par le fait de l'occupation, il doit toujours finir avec ce fait. Quand l'homme meurt, il cesse d'occuper; son droit meurt avec lui et avec son occupation. Comment donc pourra-t-il transmettre sa propriété à une personne qui ne commencera à occuper qu'après la mort du propriétaire, quand celui-ci aura perdu tout droit de propriété? Pendant sa vie, l'homme peut bien transmettre son occupation à un autre; mais de quel droit l'héritier viendra-t-il réclamer pour lui seul une occupation perdue, celle d'un mort? Ce n'est donc que par une seconde convention que les hommes ont pu s'accorder réciproquement cette faculté de tester : elle ne dérivait ni des règles de l'état de nature, ni de la première convention par laquelle les hommes avaient fondé la propriété.

Tel est, dans toute sa simplicité, ce système auquel on ne peut refuser le mérite d'une certaine logique. Il avait été avancé avec quelque hésitation par Puffendorf, et développé par Bynckershoeck (1). Il fut généralement adopté dans le XVIIIe siècle, avec les doctrines philosophiques duquel il était en parfaite harmonie; et les meilleurs esprits de ce temps, ceux mêmes qui n'appartenaient point à l'école matérialiste, ne purent se soustraire entièrement à son influence en ce point. Le grand nom de Montesquieu est un des appuis de cette opinion. A l'Assemblée constituante, Tronchet la répétait; et cependant, tout en s'égarant dans les théories de son temps sur l'origine des sociétés, il arrive à cette conclusion, que, si l'homme n'avait pas la faculté de disposer de ses biens, il serait privé du droit de remplir des *devoirs sociaux et naturels* (2). Portalis lui-même, dans le Discours préliminaire au projet de Code civil(3), n'ose pas attaquer ouvertement la doc-

(1) Voyez les citations faites à la page 1.
(2) Histoire parlementaire de la Révolution française, t. 9, p. 302.
(3) Fenet, t. 1, p. 518, 520.

trine reçue, bien que toutes ses paroles la contredisent. Enfin, au commencement de ce siècle, elle a été expressément professée par Toullier et par Proudhon, et exposée avec une grande franchise daus un article du Répertoire de Merlin, v° *Occupation*, signé de M. Polverel. C'était l'opinion de Merlin lui-même, comme on peut le voir encore au Répertoire, v° *Testament*. D'accord entre eux sur la base du système et sur sa conclusion, ces publicistes et ces jurisconsultes sont en divergence flagrante dans les points intermédiaires, et ce n'est pas un des moindres vices de cette théorie que les contradictions de ses partisans. Toutefois, jusqu'à nos jours, il était à peu près passé à l'état d'axiome que la faculté de tester est de droit purement civil. L'ancienne théorie, celle de Cujas, de Grotius, de Leibnitz, de Vinnius, de Furgole et de Burlamaqui, paraissait définitivement vaincue, lorsqu'elle a été relevée, comme elle devait l'être, par l'école moderne fondée sur la philosophie spiritualiste qui a succédé à celle du siècle dernier.

Examinons donc en son entier cette doctrine de Puffendorf. Nous en avons déjà repoussé le principe. Distinguer entre l'état de nature et l'état de société, c'est méconnaître la nature de l'homme : l'homme n'a jamais pu être que dans l'état de société, c'est là son état de nature. Il reste à mener plus loin cette réfutation, d'abord en ce qui concerne l'origine de la propriété. Ici encore, comme plus haut, il nous faudra abréger, et nous borner à résumer, en renvoyant aux travaux de la philosophie moderne (1).

Supposer que la propriété a commencé à un moment donné, que les hommes ont pu vivre un seul jour sans que la propriété fût établie, c'est créer une hypothèse aussi absurde

(1) M. Cousin, Philosophie sociale. — M. Troplong, Prescription, n°s 1 et suiv. — M. Taulier, Théorie raisonnée du Code civil, t. 2, de la Propriété.

que le système tout entier de l'état de nature. Etudions d'abord quelques faits généraux. Par cela seul que l'homme a été obligé de se nourrir, il s'est trouvé dans la nécessité de s'approprier certaines choses. A moins de renverser les plus simples notions du juste et de l'injuste, il faut bien reconnaître que le sauvage qui a ramassé un fruit pour le manger en est devenu dès-lors propriétaire, et que, tant qu'il ne l'a pas rejeté, celui qui viendrait le lui arracher violerait un droit naturel de son semblable. Ainsi, même dans l'état d'isolement, dans l'état le plus rapproché du chimérique état de nature, il y a une propriété qui commence par l'occupation, qui existe sans convention humaine, qui est une conséquence nécessaire des besoins de l'homme, et du droit que son créateur lui a donné sur les choses matérielles pour subvenir à ses besoins. Si l'on examine ensuite l'état de société le plus simple, celui d'une tribu de chasseurs, la propriété se caractérise mieux. Chaque chasseur est nécessairement propriétaire de ses armes, du gibier qu'il a pris, même de sa hutte et de quelques ustensiles de ménage. Pour cette propriété, nulle convention humaine, expresse ou tacite, n'est encore nécessaire : la force des choses et les libertés naturelles de l'homme suffisent à l'établir. Les peuples pasteurs sont propriétaires de leurs troupeaux ; ils possèdent un instant la terre où ils les font paître, et sont bien propriétaires du pâturage, s'ils ne le sont pas du sol : sinon, toute société est impossible entre eux. Souvent aussi, dans cet état, la Genèse nous en montre des exemples : les puits rares et précieux, dans les pays parcourus par les pasteurs, commencent à être une propriété importante. La terre devient enfin aussi l'objet d'une propriété stable, lorsque, non contents de ses produits naturels, les peuples la cultivent, lorsqu'ils en retirent par leur travail des fruits qu'elle n'eût point portés, lorsqu'ils sont agriculteurs. Dès-lors toute propriété est établie, et l'état plus compliqué que présentent les peuples industrie s et commerçants n'est que le développement d'une organisation dont tous les éléments sont déjà connus.

Ainsi, l'étude des faits nous apprend que l'existence de l'humanité, celle de la société et celle de la propriété ne peuvent être qu'identiques. Il faut encore, avant de nous rendre compte de la nature philosophique de ce droit, repousser d'un mot l'hypothèse suivant laquelle, dans les premiers temps, toutes les choses auraient été communes entre les hommes, et se seraient ensuite divisées par un partage. Puffendorf (1) a très bien prouvé que la communauté des premiers temps n'a jamais pu être qu'une communauté *négative*, c'est-à-dire non en ce sens que toutes les choses appartenaient à tous les hommes, mais en ce sens seulement que la plupart des choses n'appartenaient à personne. Il n'est pas besoin de démontrer que toute autre communauté ne pouvait subsister un seul instant entre les hommes. L'idée de propriété emporte, pour nous, celle de l'attribution exclusive d'une chose à une ou plusieurs personnes déterminées.

Qu'est-ce donc que l'acte par lequel l'homme s'approprie une chose matérielle ? Dans quel droit cet acte trouve-t-il sa consécration ?

Placé par Dieu sur cette terre avec des obligations pour l'accomplissement desquelles il doit soutenir sa vie, et avec des besoins auxquels cette vie est assujettie, l'homme a reçu en même temps le droit de se servir pour ce soin des choses de la terre. Lorsqu'un individu a fait choix d'une chose pour remplir cet office, il l'a appropriée à ses besoins particuliers; cette chose lui est *propre*, elle est devenue *sienne*. Ce choix est un acte de la liberté humaine, appliqué aux choses extérieures; il devient sacré comme la liberté elle-même. Il

(1) Liv. 4, chap. 4.

s'exerce légitimement à l'égard de toutes les choses sur lesquelles ne s'est pas déjà assis un droit semblable, lorsque la liberté qui veut faire acte d'appropriation n'est pas forcée de s'arrêter devant l'exercice légitime de la liberté d'autrui.

Toutefois, pour que ce droit puisse être respecté, il faut que son existence soit connue. Il faut donc que l'appropriation soit manifestée par un acte extérieur. L'occupation sera ordinairement le mode de cette manifestation, et c'est en ce sens que l'occupation est le commencement de la propriété. Mais, remarquons-le bien, l'occupation est le commencement extérieur, le fait par lequel la propriété arrive à la vie matérielle, ce n'est pas sa cause et sa raison. L'occupation n'est que le fait, le droit est plus haut. Aussi les législations modernes, plus spiritualistes que celles de l'antiquité, ont-elles reconnu la propriété sans l'occupation. Et quand le Code civil, adoptant l'opinion de Grotius (1), a décidé que la propriété s'acquiert *par l'effet des obligations* (2), il a dit hautement que la propriété a son fondement dans la seule force de la volonté de l'homme, et que tous ceux à qui cette volonté est connue, quel que soit le mode de sa manifestation, sont obligés de la respecter.

Donc, en premier lieu, la propriété n'est pas un simple fait, c'est un droit. En second lieu, le fondement de ce droit n'est pas une convention humaine; convention impossible, convention qui engagerait ceux-là seuls qui l'auraient faite, convention qui pourrait être renversée par une convention contraire. Le fondement de ce droit, à un point de vue absolu, c'est le pouvoir qu'a l'homme d'user des choses de la terre pour ses besoins, et la nécessité où il est de se les approprier pour subvenir à ces besoins. Le fondement de ce droit

(1) Liv. II, chap. 6, § 1.

(2) Art. 711.

au point de vue social, c'est la coexistence nécessaire de la propriété avec la société, c'est l'impossibilité de concevoir la société sans une propriété plus ou moins compliquée. Donc l'origine de la propriété est de droit social.

L'appropriation commencée par un acte de la volonté, manifestée par un acte extérieur quelconque, se continue et se confirme encore par les actes de l'homme qui modifient une chose matérielle, la transforment, l'entretiennent ou la rendent productrice. Ainsi, tout travail de l'homme sur le sol pour le féconder, sur une chose matérielle pour en changer la forme ou lui donner une utilité spéciale, sont, s'il est permis de le dire, un second degré d'appropriation; mais ils ne constituent pas l'appropriation elle-même. Plusieurs philosophes, entre autres Locke et Barbeyrac (1), semblent s'être trompés en cela.

Une fois opérée et manifestée, l'appropriation dure jusqu'à ce que la volonté qui l'a faite ait changé. Il n'est pas besoin que de nouveaux actes extérieurs viennent à chaque instant témoigner de la persistance de cette volonté: elle est présumée. Aussi les jurisconsultes romains disaient-ils que la possession s'acquiert par un fait matériel joint à la volonté, mais qu'elle se conserve par la volonté seule: *Solo animo retineri potest*(2).—*Sed et si solo animo possideas, licet alius in fundo sit, adhuc tamen possides* (3). — Aussi ces jurisconsultes disaient-ils encore que, si l'on perd la possession à son insu, ou par un fait involontaire, ou dans un événement de force majeure, la propriété reste à celui qui a conservé l'intention d'être toujours propriétaire (4). Si dans certains cas, et après

(1) Notes sur le chap. 4 du liv. 4 de Puffendorf.

(2) L. 4, C. *De acquir. et retin. poss.* Dioclétien et Maximien.

(3) L. 3, § 7. D. *De acq. vel amit. poss.* Paul.

(4) L. 9, § 8. D. *De acquir. rer. dom.* — Gaius, Instit. *De rer. divis.*, § 48.

un long laps de temps écoulé sans que le propriétaire ait fait acte de possession, la propriété cesse par l'effet de la prescription, c'est que par cette abstention, et en présence de faits de possession de la part d'une autre personne, on présume la cessation de la volonté d'être propriétaire, et aussi parce que l'intérêt de la société veut que les biens ne restent trop longtemps ni sans possesseur qui en tire profit, ni exposés à des contestations perpétuelles.

Si la persistance de la volonté de l'homme suffit pour rendre persistante l'appropriation qu'il s'est faite d'une chose matérielle, le testament est dès-lors justifié par le même droit que la propriété. En effet, si l'homme meurt dans l'ordre de la nature physique, sa pensée, sa volonté, sa liberté lui survivent. De même que le héros ne meurt pas lorsqu'il a gravé sa personnalité dans les grandes actions dont les conséquences ou le souvenir sont encore vivants, de même que l'artiste ne meurt pas quand il a gravé sa personnalité dans son œuvre, de même la volonté de l'homme qui s'est approprié une chose matérielle vit toujours dans cette chose et doit continuer à la gouverner. L'âme de l'homme est immortelle : si le corps de l'homme a disparu de la terre, la personne y reste encore ; l'héritier, le *continuateur* de la personne exerce les droits que le défunt a conservés, sans pouvoir les exercer par lui-même, de même qu'un mandataire désigné par la loi ou par la personne exerce les droits de tout individu à qui l'usage en est pour un temps interdit. « Supposez, dit Barbeyrac (1), « que les hommes fussent immortels, un propriétaire conser- « verait éternellement son droit sur les choses qu'il a une « fois acquises : la nécessité de mourir, à laquelle tous les « hommes sont sujets, ne lui laissant l'usage de ses biens que « pendant quelques années, il est naturel qu'il s'en dédom-

(1) Note sur Puffendorf, liv. 4, chap. 10, § 4.

« mage et qu'il perpétue, pour ainsi dire, son droit de pro-
« priété jusqu'après sa mort, en déclarant à qui il veut le
« laisser; en sorte que, cet héritier prenant sa place et le re-
« présentant en quelque manière, nul autre n'ait pas plus lieu
« de prétendre aux biens du défunt que si celui-ci les pos-
« sédait encore lui-même. »

Dira-t-on que, la chose appropriée ayant cessé d'être nécessaire au défunt, son droit de propriété doit finir? Mais ce n'est pas cette nécessité qui fait l'appropriation dont elle n'est qu'un des motifs, c'est la volonté humaine. L'appropriation opérée ne se défait plus tant que la volonté subsiste, et la volonté de l'homme survit à son existence terrestre; seulement la force des choses veut que les droits du défunt passent à un continuateur de la personne : et qui choisira ce continuateur, si ce n'est la personne elle-même? Sera-ce l'Etat? Mais l'Etat, qui a sur les personnes et sur les choses un droit d'administration et de surveillance dans l'intérêt de tous, n'a point de droit de propriété sur les choses possédées par les particuliers. Sénèque a dit très bien : *Ad reges potestas omnium pertinet, ad singulos proprietas* (1)? Comment celui qui n'est point propriétaire pourrait-il transférer une propriété qu'il n'a jamais eue? (2) La volonté qui s'est approprié la chose peut seule créer le nouveau propriétaire : elle continue ainsi, même après la mort de l'homme, à résider sur la chose qu'elle avait faite sienne.

Cela est si vrai que, lorsque le propriétaire n'a point désigné ce successeur, lorsque la loi doit le nommer pour lui, ce qui règle ou doit régler, suivant les jurisconsultes anciens et modernes, l'ordre des successions légales, c'est *la volonté*

(1) *De benef.*, lib. 7, cap. 4.

(2) Portalis a développé cette pensée dans le Discours préliminaire au projet de Code civil.—Voy. Fenet, t. 1, p. 518.

présumée du défunt (1). Sa succession va à sa famille, à ses descendants d'abord, puis à ses ascendants et ses collatéraux; en dernier lieu, à ses concitoyens, quand on ne peut lui supposer une affection plus spéciale. Attribuer à la volonté présumée de l'homme un tel pouvoir, c'est le reconnaître plus fort encore à la volonté expresse.

Ainsi se trouve vérifiée la profonde observation de Leibnitz. L'âme de l'homme est immortelle, sa volonté ne meurt pas, elle continue naturellement à vivre dans les choses qu'elle s'est appropriées. De là le droit de tester, conséquence du droit de propriété.

Ce serait peut-être ici le lieu de signaler les nombreuses contradictions dans lesquelles sont tombés les partisans de l'opinion qui attribue le testament au droit civil. Les uns, reconnaissant à la propriété une origine de droit naturel, lui enlèvent pourtant ce caractère essentiel de perpétuité, conséquence de la nature immortelle de l'homme : tels sont Portalis et Tronchet, maîtrisés sur ce point par leur siècle, et conduits, en dépit de leur système, à dire que par le testament l'homme remplit des devoirs sociaux et naturels, et que la loi civile ne peut détruire la faculté de tester. Les autres, rigoureusement attachés à cet axiome que la propriété n'a d'autre fondement que l'occupation, mettent bien au nombre des institutions de droit naturel la donation entre vifs, même la donation à cause de mort, mais n'y veulent pas laisser le testament. Ils oublient que personne ne peut transférer plus de droits qu'il n'en a : ils ne voient point que la propriété mourant, suivant leur théorie, avec le donateur, ne pourrait se continuer pour le donataire au même titre : ils oublient aussi qu'au point de vue de la question, la donation à cause de mort est semblable au testament, qu'elle est comme lui

(1) Voyez Motifs du Code civil. — Fenet, t. 12, p. 508 et suiv.

un mode de se constituer un successeur pour le temps où l'on ne sera plus sur la terre. D'autres enfin regardent comme conforme au droit naturel la loi qui confère la succession à ceux que la volonté présumée du défunt y appelle, et ne veulent pas reconnaître que la volonté expresse trouve aussi dans le droit naturel la consécration de son pouvoir. Ceux-là seuls, il faut le dire, sont parfaitement conséquents qui, partant de l'hypothèse de l'état de nature, attribuent l'origine de la société et de la propriété à une convention humaine, accompagnée ou précédée de l'occupation, et font sortir de cette convention successivement modifiée et augmentée l'institution du testament.

Il serait trop long d'insister ici sur ces contradictions. Nous aimons mieux compléter notre pensée, et dire de suite quelle est la part du droit civil dans les testaments. De l'origine naturelle de la faculté de tester, suit-il qu'elle doive être illimitée, que le pouvoir civil n'ait pas le droit de la réglementer, d'en soumettre l'exercice à quelques conditions d'ordre, de la mettre en harmonie avec les autres libertés? Notre réponse a déjà été exprimée. Le droit naturel se compose de règles absolues auxquelles le droit civil imprime seul le caractère pratique. Partout la liberté de l'homme a pour limite naturelle l'ordre, le respect de la liberté d'autrui. Concilier dans l'application les diverses règles du droit social, établir l'harmonie entre toutes les libertés, en empêchant que l'une d'elles s'exagère par les passions et devienne oppressive pour les autres; c'est la charge et le devoir du pouvoir civil. Comme il peut poser des conditions à la liberté des mariages et à celle des contrats, il peut en poser à celle des testaments.

Ainsi le législateur peut sans aucun doute soumettre l'exercice de la faculté de tester à quelques règles de forme, qui ont pour but de rendre certaine la constatation de la volonté du testateur. Il y a plus; le législateur peut légitimement restreindre la faculté même de tester. Par exemple, si le père de famille exerce un droit en désignant librement son successeur, il a aussi des devoirs naturels à remplir envers les enfants auxquels il a transmis la vie : il viole ces devoirs lorsque sans motifs graves il transporte à d'autres personnes tous ses biens. Le législateur peut assurer l'accomplissement de cette obligation, en restreignant à une certaine portion des biens la faculté de disposer : c'est l'objet des règlements sur la quotité disponible. Il peut aussi interdire cette faculté à certaines personnes pour lesquelles elle serait un moyen d'enfreindre d'autres règles de droit naturel et d'ordre public: c'est l'objet des règlements sur les incapacités de donner et de recevoir.

Mais le législateur viole lui-même le droit naturel, quand il interdit d'une façon absolue l'exercice d'une faculté que l'homme tient de sa nature. Il viole encore le droit naturel quand il limite cette faculté, non plus dans un but d'ordre public et pour assurer le respect d'autres principes naturels, mais dans des vues purement politiques, c'est-à-dire, dans des vues de temps et de lieu, dans l'intérêt d'un système de gouvernement, dans l'intérêt d'une classe de citoyens privilégiés. C'est alors que la loi civile opprime la loi naturelle, et qu'on voit celle-ci faire mille efforts pour lui échapper, jusqu'au jour où les droits généraux et imprescriptibles de l'humanité reprennent leur place, en renversant une institution éphémère.

En résumé, sur cette partie de la discussion, nous avons dit : L'homme est essentiellement sociable; le droit naturel de l'homme, c'est le droit social. La société suppose la propriété qui est l'effet d'un acte de la volonté humaine s'appliquant à une chose matérielle. Donc, la propriété est de droit social. Tant que la volonté qui a fait l'appropriation subsiste, la propriété subsiste aussi. Mais l'homme est immortel, et sa volonté peut survivre à son passage sur la terre ; c'est cette volonté naturellement libre et immortelle qui s'exerce dans le testament. Donc la faculté de tester est de droit social, comme la propriété dont elle est une dérivation essentielle. Ainsi se trouve confirmé par la nature immortelle de l'homme le respect de tous les peuples pour la volonté des défunts. Ainsi se trouve justifié l'usage général que nous avons observé chez tous les peuples de reconnaître aux hommes le pouvoir de disposer de leurs biens après leur mort.

Il ne nous reste plus qu'à suivre les développements de cette idée dans une législation spéciale, celle du peuple romain. Nous y verrons le testament faire l'objet de dispositions nombreuses, dont le progrès est surtout remarquable en ce qu'il tend sans cesse à mettre sur ce point le droit civil en harmonie avec le droit naturel.

III.

Appelé à réglementer et à organiser les libertés naturelles, souvent le pouvoir civil a cherché à opprimer les unes au profit des autres. Mais ces libertés mal contenues ont toujours résisté avec succès, parce qu'elles avaient leur force vitale dans le cœur de l'homme. De là les luttes entre les diverses classes d'une même nation, de là les variations successives des législations civiles.

Peu de peuples offrent un tableau aussi animé de ces luttes que la grande cité romaine. Recouvrer une à une toutes les libertés retenues captives par l'aristocratie patricienne, tel fût le travail continu de la classe des plébéiens. La liberté de tester fût l'une de ces conquêtes. Conquête lente et successive, il faut pour l'apprécier la suivre à chaque siècle et la voir grandir toujours en arrachant au privilége quelque nouveau débris. On doit donc, lorsqu'on étudie les dispositions de la législation romaine sur les testaments, observer avec soin l'époque historique à laquelle chacune d'elles se rattache.

Sous les rois et dans les premiers temps de la république, le patriciat est dans toute sa force. Investi du pouvoir religieux et du pouvoir politique, le patricien jouit seul de la plénitude des droits civils. Le plébéien n'est rien, et ne peut rien être qu'un client, et au plus un soldat. Seul propriétaire de l'*ager romanus*, le patricien a seul le *jus Quiritium*, auquel se rattachent les droits les plus importants : le droit de contracter un mariage avec tous ses effets civils, *jus connubii;* la puissance paternelle, *jus patriæ potestatis;* la puissance maritale, *manus;* le droit de prendre valablement part à certains contrats, *jus commercii;* le droit de propriété romaine, *jus dominii.* Esclavage, pouvoir absolu du père de famille sur les enfants et sur la femme, telle est, en ce qui concerne les personnes, la dernière expression de ces droits. Le despotisme règne dans la famille, comme dans la cité. La révolution provoquée par la mort de Lucrèce changea peu de choses à cet état oppressif. Faite par les patriciens contre l'autorité royale, elle profita peu, au moins immédiatement, aux plébéiens dont ils s'étaient aidés pour l'accomplir; et il faut aller jusqu'à l'institution du Tribunat des plébéiens, après la retraite sur le Mont-Sacré, pour voir cette classe prendre véritablement place dans l'Etat. Dès-lors, les concessions obtenues des privilégiés allèrent en augmentant sans cesse. Les plus importantes furent gravées dans la loi des douze Tables, destinée à substituer un droit écrit et connu de tous par avance au droit à peu près arbitraire que, comme pontifes et comme magistrats, les patriciens pouvaient seuls proclamer.

Dans une pareille organisation politique, il ne faudrait pas trop s'étonner de voir le testament presque réduit à néant.

Une grande obscurité couvre toute cette époque de la législation romaine. Spécialement nous connaissons trop peu le système de propriété qui y était établi, pour pouvoir en tirer des documents utiles à notre sujet. Nous savons seulement que le testament était usité à Rome avant la loi des douze Tables, et nous avons indiqué plus haut les textes qui nous l'apprennent. Nous connaissons aussi les formes dans lesquelles on testait. Il en existait deux : l'une pour le temps de paix, c'est le testament *calatis comitiis;* l'autre pour le temps de guerre, c'est le testament que Justinien appelle *procinctum*, Ulpien et Gaius *in procinctu* (1).

Dans la première de ces formes, beaucoup de jurisconsultes ont vu la preuve certaine de ce fait, que les Romains avaient regardé la faculté de disposer pour le temps où l'on n'existera plus comme interdite à la volonté privée, et avaient voulu que l'ordre des successions légales ne pût être changé que par un acte de la puissance législative. S'appuyant sur un passage d'Aulu-Gelle qui n'a trait qu'à l'adrogation (2), ils ont cru que le testament *calatis comitiis* consistait en une véritable proposition de loi faite par le testateur, adoptée ou rejetée par le peuple assemblé dans les comices (3). Il ne faudrait pas, nous le répétons, trop s'étonner d'une pareille législation dans les premiers temps de la cité romaine. Mais rien n'est moins justifié que cette opinion. En effet, Théophile, dans sa paraphrase grecque des Institutes (4), donne une tout autre idée du testament *calatis comitiis :* « Ce testament, dit-il, se faisait en temps de paix *deux fois*

(1) Gaii Instit. 2, 101. — Ulpiani Frag. 20, 2. — Instit. Justin. *De test. ordin.* 1.

(2) Noctes Atticæ, 5, 14.

(3) Voy. Heineccius, *Antiq. Rom.*, hoc tit.

(4) Sur le § 1, *De test. ordin.*

« *dans l'année*, de la manière suivante : un héraut parcou- « rait toute la ville en appelant le peuple, qui s'assemblait « tout entier ; et alors quiconque le voulait faisait son tes- « tament *en présence du peuple* (1). » Il faut attacher aujourd'hui d'autant plus d'importance à ce passage de Théophile qu'il a été confirmé par Gaius, en ce point, que les comices assemblés pour les testaments ne se tenaient que deux fois dans l'année, tandis que plusieurs savants modernes, notamment Thomasius (2) et Heineccius (3), avaient regardé cette assertion de Théophile comme une erreur grossière. En premier lieu, si le testament eût été à Rome un acte de la puissance législative, pourquoi n'aurait-il pu se faire dans les autres assemblées où se votaient les lois? pourquoi lui réservait-on des comices spéciaux? D'autre part, la nature de ces comices peut révéler le véritable caractère de ce testament. Aulu-Gelle (4) nous apprend, d'après le jurisconsulte Labéon, que les comices appelés *calata* avaient certaines destinations spéciales, toutes religieuses, *quæ pro collegio pontificum, aut regis* (5), *aut flaminium inaugurandorum causâ*. Le testament, l'acte de dernière volonté n'avait-il pas aussi chez les Romains un caractère religieux, qu'il

(1) Voici le texte de la traduction latine : « Testamentum calatis comitiis « tempore pacis fiebat *bis in anno* hunc in modum. Præco universam circum- « ibat civitatem conclamans, et totus populus congregabatur, et ita qui vo- « lebat *teste populo* testamentum scribebat. »

(2) Dissert. *De prim. init. success. testam.*

(3) *Loco citato.*

(4) Noctes Atticæ, 15, 27.

(5) Le roi des sacrifices. « Les rois de Rome exerçaient une sorte de sa- « cerdoce, et certaines cérémonies ne pouvaient être accomplies que par eux. « (Après leur expulsion), pour qu'il n'y eût aucun changement dans la religion, « on créa un magistrat, appelé *roi des sacrifices*, qui dans les temples faisait « les fonctions des anciens rois, et portait le sceptre et la couronne. Du « reste, il n'avait aucune autorité. » Ch. Durozoir, *Histoire romaine.*

empruntait soit à l'idée prochaine de la mort, soit à ce qu'il transférait à l'héritier les sacrifices privés du testateur ? et ne serait-ce pas là la seule explication de cette forme ancienne ? Pour ne pas trop insister sur ce point de détail, nous nous bornons à remarquer en outre qu'il est impossible de voir un acte législatif dans le testament *in procinctu*, seconde forme usitée en même temps que celle dont il s'agit. L'armée n'eut jamais le pouvoir de faire des lois : et si l'on refusait à la seule volonté du citoyen dans les murs de Rome le droit de changer les dispositions de la loi successorale, pourquoi aurait-on reconnu ce pouvoir à la volonté du soldat? Tout indique au contraire, dans le testament *in procinctu*, une cérémonie religieuse; et ce qu'en a dit Cicéron dans son livre *De naturâ Deorum* (1), ne peut laisser à cet égard aucun doute. Les partisans de l'origine civile des testaments nous paraissent avoir voulu chercher un appui pour leur doctrine dans une explication forcée, et contredite positivement par Théophile. Plus fidèles au texte de cet interprète que Gaius rend aujourd'hui décisif en le confirmant, nous pensons que le peuple entier n'était point appelé au testament comme législateur, mais comme une assemblée de témoins plus solennelle que celle requise dans tout autre cas, vu la gravité et le caractère religieux de l'acte qui était une sorte de préparation à la mort.

Les Institutes de Gaius ont encore rectifié bien des erreurs des interprètes sur le testament *in procinctu. Procinctus est*, disent-elles, *expeditus et armatus exercitus*. Avant d'aller au combat, le soldat déclarait sa volonté dernière, en présence de quelques citoyens, soldats comme lui. La nécessité forçait ceux qui loin de la cité allaient marcher à la mort

(1) Lib. 2, § 3.

de prendre pour témoins, au lieu du peuple entier, ceux de leurs concitoyens qui étaient prêts à partager le même sort. Cette forme, dont le caractère religieux nous est révélé par Cicéron, ne nous indique-t-elle pas ce qu'était la première? et n'est-il pas probable qu'elle n'en diffère que par plus de simplicité? Nous avons rappelé plus haut un texte de Plutarque, qui nous donne un exemple du testament *in procinctu* au temps de Coriolan.

Quant au fond du droit de tester, on ne sait quelle en était l'étendue avant la loi des douze Tables. Seulement il apparaît de cette loi même, qu'avant elle ce pouvoir avait été restreint ou contesté. Peut-être et probablement était-il entièrement refusé aux plébéiens. Peut-être, pour les patriciens eux-mêmes, était-il resserré dans certaines limites, afin de perpétuer intégralement les biens dans la famille romaine. On ne peut là-dessus faire que des conjectures plus ou moins fermement fondées sur l'observation de ce qui se passe ordinairement, dans les sociétés organisées, comme l'était alors celle de Rome.

La loi des douze Tables proclama pour le père de famille le pouvoir absolu de tester : *Paterfamilias uti legassit super pecuniâ tutelâve suæ rei, ita jus esto.* Les deux anciennes formes de testament subsistèrent. Mais bientôt une autre forme vint s'y ajouter, et, par sa simplicité comparative, donner à cette faculté un nouveau degré de liberté. C'est le testament *per æs et libram* (1).

Il existait une formule de vente, *imaginaria venditio* (2), propre au citoyen romain, et qui était aux yeux du droit

(1) Gaii Instit. 2, 102 et seq. — Ulpiani Frag. 20. — Instit. Justin. *De testam. ordin.* 1.

(2) Gaii Instit. 1, 119 et seq.; 2, 103 et seq.

civil le seul mode légal de transférer la propriété de certaines choses : c'était la mancipation. En présence de cinq citoyens appelés comme témoins, et d'un autre citoyen tenant une balance d'airain, *libripens*, l'acheteur portait un morceau d'airain, la monnaie des premiers temps. Il saisissait la chose du vendeur présent aussi, et prononçait les paroles sacramentelles par lesquelles il se déclarait propriétaire : *Hanc ego rem ex jure Quiritium meam esse aio, eaque mihi empta est hoc œre œneâque librâ*. Puis il touchait la balance avec ce morceau d'airain, comme pour en faire constater la valeur par le poids, et le remettait au vendeur en signe de prix. Il est inutile d'expliquer davantage cette formule, bien connue depuis la découverte des Institutes de Gaius. Elle fut appliquée par les jurisconsultes à la transmission d'une hérédité. Celui qui voulait tester mancipait d'abord tout ce qui lui appartenait, *familiam suam*, à un autre citoyen, qui devenait ainsi son héritier. Puis, tenant les tablettes où il avait écrit ses dispositions, il disait en présence des personnes qui avaient assisté à la mancipation : *Hœc ita ut in his tabulis cerisque scripta sunt, ita do, ita lego, ita testor; itaque, vos Quirites, testimonium mihi perhibetote*. Ainsi, cette cérémonie se composait de deux actes distincts (1) : la transmission de l'hérédité, *familiœ mancipatio*, qui créait l'héritier; puis la déclaration des volontés du testateur, *nuncupatio*, par laquelle il indiquait ses dispositions accessoires. Dans l'interprétation que nous avons donnée du testament *calatis comitiis*, le passage à cette nouvelle forme s'explique facilement; mais, dans le système contraire, on ne comprend pas un changement aussi complet, qui aurait porté sur la manière dont on entendait la nature

(1) Ulpiani Frag. 20, 9.

même du testament. Au reste, cette superposition de deux cérémonies pour le testament *per æs et libram* est assez remarquable, et l'on pourrait peut-être y trouver la raison de quelques règles dont nous aurons à dire un mot.

Plus tard, une modification importante fut faite à cette forme. On trouva des inconvénients à désigner ainsi de son vivant son successeur. L'*emptor familiæ* ne fut plus l'héritier : il ne fut employé que comme acteur d'une cérémonie à laquelle il n'avait aucun intérêt. L'héritier était désigné dans les tablettes du testament, et c'est lui qui était chargé des legs.

A quelle époque faut-il placer l'invention du testament *per æs et libram?* On l'ignore. Heineccius (1) pense qu'il faut la rapporter au temps où, suivant Pomponius (2), les jurisconsultes créaient *les actions de la loi.* Cette hypothèse, prise d'une manière générale, est assez probable. Ce qui paraît certain, c'est que les deux formes anciennes continuèrent d'exister avec cette dernière; et on le comprend très bien, surtout pour le testament *in procinctu*, approprié au temps de guerre.

Aidé par ce nouveau moyen d'exécution, le testament prit à Rome un rapide accroissement. Les jurisconsultes l'entourèrent d'une grande faveur, et personne ne voulut mourir intestat. Au reste, le testament est encore, après la loi des douze Tables, dominé par la rigueur du droit civil, plus conforme à l'idée politique qu'à la loi naturelle. Le citoyen romain, le propriétaire, le *paterfamilias*, peut seul tester. Cette faculté est interdite aux femmes : elle leur est accordée par la suite, mais à la condition de l'autorisation de leurs tuteurs agnats. Les étrangers ne peu-

(1) Antiq. Rom. *De testam.* 6.

(2) L. 2, § 6, D. *De orig. jur.*

vent tester en aucune façon : ils ne peuvent ni recevoir par un testament, ni y être témoins. Remarquons, en passant, deux règles qui nous semblent être surtout les conséquences de la forme du testament *per œs et libram*. Le testament ne vaut qu'à la condition de contenir une institution d'héritier. En effet, le premier acte de la cérémonie du testament, c'est la mancipation de l'universalité des biens à un citoyen qui doit être ou qui représente le continuateur de la personne : *Qui testatur ab hæredis institutione plerumque debet initium facere testamenti*(1). Et comme cette vente se fait de la totalité, afin qu'il y ait réellement continuation de la personne, il en résulte que l'institution d'héritier doit embrasser toute l'hérédité : *Nemo partim testatus, partim intestatus decedere potest*(2).

A mesure que les libertés civiles grandissent dans la cité romaine, diverses modifications viennent consolider encore la liberté de tester, et la rapprocher du droit naturel. En premier lieu, l'extension illimitée donnée au testament par la loi des douze Tables reçoit, par l'interprétation des jurisconsultes, une légère restriction dans l'intérêt des enfants du testateur. Celui-ci peut toujours leur enlever tous ses biens, mais il est obligé de prononcer formellement leur *exhérédation*. S'il ne l'a pas fait, le fils resté dans la famille fait tomber le testament; les filles et les autres descendants reçoivent une portion de l'hérédité (3). Le droit des enfants est reconnu ; la liberté de tester a trouvé sa limite naturelle.

Une autre institution, dont Rome seule a donné l'exemple, est une remarquable extension du droit de tester. Le père de famille qui laisse sa succession au fils resté en sa puis-

(1) Ulpien, L. 1, D. *De hæred. instit.*

(2) Instit. Justin. *De hæred. instit.*, § 5. — Pomponius, L. 7, D. *De reg. jur.*

(3) Gaii Instit. 2, 123.

sance, peut encore faire le testament de ce fils, pour le cas où il mourrait avant l'âge de puberté. Le père de famille exerce à l'avance le droit dont son fils n'aurait pas acquis l'exercice avant de mourir: c'est la *substitution pupillaire* (1).

Rome, victorieuse de ses voisins, entre en communication avec les autres nations. Les étrangers affluent dans son sein. Il faut juger les contestations qui s'élèvent entre eux : un préteur est créé pour cet office. Mais les étrangers n'ont pas la participation au droit de la cité romaine. Il faut les juger par d'autres règles communes à tous, par le droit des gens. Un nouvel élément entre dans la jurisprudence. Commenté et mis en contact avec le droit civil, il forme un nouveau corps de doctrines qu'on appelle Droit prétorien. De ce droit sort une forme de testament plus simple, plus spirituelle, si l'on peut s'exprimer ainsi, qui vient bientôt s'ajouter aux précédentes: c'est le *testament prétorien*. Là, plus de paroles sacramentelles, plus de gestes solennels. Le testateur écrit son testament sur des tablettes; il le présente à sept témoins, qui rappellent sans doute les cinq témoins du testament *per æs et libram*, avec le *libripens* et l'*emptor familiæ*; il annonce que ces tablettes contiennent l'expression de sa volonté dernière, et les sept témoins y apposent leur cachet. Le testament ainsi fait est validé par le préteur, et donne la possession de biens *secundùm tabulas*; possession utile, toutes les fois qu'il n'existe point d'autre testament régulier en droit civil, et qu'il ne se présente point d'héritier légal (2). Cicéron (3) nous apprend que cette forme de testament existait déjà de son temps.

Pour les militaires, le testament *in procinctu* dut être

(1) Gaii Instit. 2, 179.

(2) Gaii Instit. 2, 119, 147.

(3) In Verrem actio 2. — Orat. 1, § 45.

longtemps employé. Toutefois Cicéron (1) dit qu'à son époque il était tout-à-fait, et depuis longues années, tombé en désuétude. Les empereurs, Jules-César le premier (2), rendirent aux militaires une forme spéciale et infiniment plus simple que celle des testaments en temps de paix. Le soldat en campagne peut déclarer sa dernière volonté en quelque façon que ce soit : qu'il la proclame à haute voix, que blessé et mourant il l'écrive sur le sable avec la pointe de son épée, qu'il trace avec son sang quelques mots sur son bouclier ou sur le fourreau de son glaive (3), pourvu que son intention soit connue, elle sera exécutée. Non-seulement le militaire est dispensé des conditions de forme, mais encore de toutes celles qui ne sont pas de l'essence du testament. Ainsi, il n'est pas tenu d'exhéréder ses enfants ; il est dispensé aussi de l'obligation rigoureuse d'instituer un héritier, et peut ne disposer de son hérédité que pour partie. Au reste, ce testament n'est valable que si le militaire meurt en campagne ou pendant l'année qui suit son retour dans ses foyers (4).

Deux grandes innovations, l'une de fond, l'autre de forme, sont attribuées à Auguste.

Des prohibitions multipliées empêchaient certaines personnes, notamment les étrangers et les femmes, de recevoir par testament au-delà d'une certaine quotité. Les femmes avaient été frappées de cette incapacité par plusieurs lois, entre autres par la loi Voconia. Ces exceptions étaient odieuses, dès-lors souvent éludées. Le testateur choisissait un héritier ca-

(1) De naturâ Deorum, lib. 2, § 3.

(2) Ulpien, L. 1, D. *De milit. testam.*

(3) Constantin, L. 15, C. *De milit. testam.* —Si quid in vaginâ aut clypeo litteris sanguine suo rutilantibus annotaverint, aut in pulvere inscripserint gladio suo ipso tempore quo in prælio vitæ sortem derelinquunt, hujusmodi voluntatem stabilem esse oportet.

(4) Instit. D. et C. *De milit. testam.*

pable de recevoir aux termes de la loi civile; puis il le priait, en se confiant à sa foi, de remettre l'hérédité, ou une partie seulement, à la personne incapable qu'il voulait avantager : c'est ce qu'on appelait un *fidéicommis*. Mais de semblables dispositions n'avaient pas force de testament; et si les mœurs frappaient d'infamie l'héritier infidèle, il pouvait cependant retenir impunément, aux yeux de la loi, les biens destinés au fidéicommissaire. Auguste indigné, suivant Justinien (1), de quelques faits d'infidélité devenus scandaleux, donna aux fidéicommis force obligatoire; et un préteur fut spécialement chargé de connaître des contestations qui s'élèveraient à cet égard. Pour bien apprécier l'importance de cette innovation, il faut remarquer que dès-lors les étrangers eux-mêmes purent recevoir par fidéicommis. Cette faculté leur fut enlevée par Adrien, mais il resta dans le droit quelques traces de cette première liberté. Le préteur donnait la possession de biens à l'étranger institué pour des choses *nec mancipi;* il la donnait également au citoyen institué par l'étranger (2).

D'autre part, depuis que les Romains, entraînés par les résultats de leurs conquêtes, avaient souvent passé de longs intervalles de temps loin de Rome et de leurs concitoyens, l'usage était né de faire en pays étranger des dispositions de dernière volonté, sans observer les formes prescrites. Un simple écrit, une lettre suffisaient : c'est ce qu'on appelle des *codicilles*. Augusta donna un exemple solennel de l'exécution des codicilles, en obéissant à ceux que Lentulus avait faits en Afrique. L'usage devint bientôt loi, lorsqu'il eut été autorisé par le jurisconsulte Labéon (3). Toute espèce de disposition à cause de mort, excepté celles qui touchaient

(1) Instit. *De fideic. hæred.*, § 1.
(2) Gaii Instit. 2, 246 et seq., 285.
(3) Instit. Justin. *De codic.*

à l'institution d'héritier, put être faite par codicilles. Ils étaient valables quand il n'y avait pas de testament : ils l'étaient encore avec un testament antérieur ou postérieur, s'ils y avaient reçu confirmation.

Ainsi, le testament, dégagé des solennités de la mancipation et de la nuncupation, marchait désormais presque libre de toute entrave, et un testateur pouvait déjà dire, comme ce Lucius Titius dont parle la L. 88, § 17, D. *de legatis* 2° : « Moi Lucius Titius, j'ai écrit mon testament sans le se-« cours d'aucun jurisconsulte ; j'ai mieux aimé suivre ma « raison qu'une rigoureuse et misérable formalité. Qu'im-« porte si j'ai fait quelque chose qui ne soit pas bien régu-« lièrement ou bien habilement disposé ? on doit donner « force de loi à la volonté d'un homme sain d'esprit (1). »

Sous les empereurs, cette liberté s'accrut sans cesse, en s'harmonisant avec les progrès faits dans toutes les autres matières du droit, par l'influence des jurisconsultes classiques. Au temps d'Alexandre-Sévère, le testament *per æs et libram* était encore employé concurremment, suivant les cas, avec le testament prétorien, le testament militaire et les codicilles (2).

Au fond, le droit des enfants à la succession paternelle s'était aussi affermi et développé en même temps que la liberté de tester. Les préteurs avaient étendu aux enfants sortis de la famille par l'émancipation, l'obligation de l'exhérédation

(1) « Lucius Titius hoc meum testamentum scripsi sine ullo jurisperito, rationem animi mei potiùs secutus quàm nimiam et miseram diligentiam. Et si minùs aliquid legitimè minùsve peritè fecero, pro jure legitimo haberi debet hominis sani voluntas. »

Pline le Jeune disait aussi en parlant d'un testament irrégulier à la forme : « Hoc, si jus adspicias, irritum; si defuncti voluntatem, ratum et firmum est. Mihi autem defuncti voluntas, vereor quam in partem jurisconsulti quod sum dicturus accipiant, antiquior jure est. »

(2) Ulpiani Frag. 20, 2 ; 23, 6, 10 ; 28, 6 ; 24, 29 ; 25, 8.

formelle (1). Bientôt les jurisconsultes, par l'invention de l'action *de inofficioso testamento*, vinrent arrêter le pouvoir même d'exhéréder. Lorsque l'exhérédation avait été complète et sans motifs, les enfants pouvaient attaquer le testament comme inofficieux et le faire casser. Cette action, ou plutôt cette plainte, *querela*, était fondée sur cette supposition, qu'en disposant d'une manière si contraire à ses devoirs naturels, le testateur n'était pas sain d'esprit. Les interprètes se sont beaucoup occupés de l'introduction de cette action, dont parlent déjà Cicéron (2) et Valère-Maxime (3). Cujas l'a attribuée à une loi *Glicia* sur laquelle paraît avoir été écrit un texte de Gaius, rapporté au Digeste dans ce titre (4). Hottoman et Heineccius (5) ont combattu cette opinion, et ont fait dériver l'action *de inofficioso testamento* de la seule doctrine des jurisconsultes. Hottoman et Heineccius nous semblent avoir raison; car, indépendamment de leurs arguments de texte, la nature seule de cette action, basée sur une supposition contraire à la vérité, n'est pas celle d'une disposition de loi toujours impérative, c'est celle d'une fiction doctrinale, d'une interprétation de jurisconsultes marchant à leur but à côté et en dehors de la loi. Cette action se régularisa dans la suite par la fixation de la quotité qui devait être laissée aux enfants, et par l'indication plus ou moins précise des justes causes d'exhérédation (6).

Telle fut, à Rome, la législation des testaments au temps des jurisconsultes du Digeste. Simplification de la forme qui

(1) Gaii Instit. 2, 135. — Ulpiani Frag. 28, 2.
(2) In Verrem. 1, 42.
(3) VIII. 8, 5.
(4) L. 4, D. *De inoff. testam.*
(5) Antiq. Rom., tit. XVIII, 5.
(6) Inst. D. et C. *De inoff. testam.*

se dégage de l'asservissement à la matière ; au fond, liberté qui s'harmonise chaque jour plus parfaitement avec les devoirs du père de famille.

Peut-on croire, après ces faits, que les jurisconsultes du Digeste, spiritualistes comme la secte stoïcienne à laquelle ils appartenaient, se soient trompés sur la véritable nature du testament? Lorsque Papinien dit (1) : *Testamenti factio non privati, sed publici juris est*, il est facile de voir que ces mots, droit public, ne sont pas pour lui synonymes de droit naturel et de droit des gens. Papinien proclame seulement cette vérité, que tout ce qui tient à la faculté de tester intéresse l'ordre public; que les particuliers n'ont pas, comme pour les contrats, le pouvoir de rien changer au fond ou à la forme des testaments; que la loi civile annulle en pareille matière tout ce qui a été fait contre ses prescriptions. Il reconnaît à la législation des testaments un caractère rigoureusement impératif, mais il ne dit rien de l'origine du droit que cette législation réglemente. C'est donc à tort que quelques interprètes ont cru trouver dans ce texte et dans quelques autres analogues une confirmation de la doctrine par nous combattue.

Après Constantin, lorsque le christianisme commence à exercer son influence sur la loi civile, les tendances que nous avons signalées deviennent encore plus sensibles. Il est probable que sous les empereurs qui avaient précédé Constantin le testament *per æs et libram* avait disparu, en même temps que tout le système des formules tombait en discrédit. Un testament plus ou moins rapproché de la simplicité du testament prétorien avait pris sa place. Les constitutions des empereurs en réglèrent diversement les formes.

Au temps de Théodose-le-Jeune (2), nous en trouvons deux

(1) L. 3, D. *Qui testam. fac. poss.*
(2) Jac. Godefroi. Ad leg. 1. C. Theod. *De testam. et cod.*

consacrées par les textes. L'une consiste dans la présentation du testament par le testateur à sept témoins : il déclare, sans le lire, que c'est là sa dernière volonté; les témoins signent (1) : c'est, à peu de chose près, notre testament mystique. L'autre est la déclaration pure et simple de la volonté du testateur par lui-même de vive voix, par-devant sept témoins (2). C'est le *testament nuncupatif*, qui, chose assez bizarre, est devenu dans le droit Français notre testament authentique (3). L'usage des codicilles continua de subsister avec ces testaments, mais ils furent soumis à quelques règles. Une constitution de Théodose (4) veut que, verbaux ou écrits, les codicilles ne puissent être faits que devant cinq témoins : s'ils sont écrits, les témoins doivent les souscrire, *subnotationem suam accommodare.*

Des constitutions des empereurs sortirent encore d'autres formes spéciales, plus simples dans quelques cas favorables, destinées dans d'autres cas à permettre le testament à des personnes pour qui il eût été physiquement impossible suivant les formes ordinaires.

Dans le grand travail qu'entreprit Justinien pour ramener à l'unité la jurisprudence de l'empire, il régularisa le testament à la forme et au fond. Il ne permit plus que deux manières de tester. La première est celle qui, dans notre droit français, avait pris le nom de testament solennel. Le testateur présente à sept témoins l'acte contenant ses dernières volontés; les témoins apposent leur sceau, comme dans le testament prétorien, et signent, comme dans le testament réglé

(1) L. 21, C. *De testam.*

(2) L. 21, § 4, C. *eod. tit.*

(3) Furgole, *Des testaments*, chap. 2, sect. 2, § 23 et suiv. — Un texte de l'empereur Gordien, rapporté au Code de Justinien, l. 2, *De bon. poss. sec. tab.*, mentionne déjà le testament nuncupatif.

(4) L. ult., § ult., C. *De codic.*

par les constitutions (1). Justinien voulut en outre que le nom de l'héritier fût toujours écrit de la main du testateur ou de l'un des témoins (2); mais il supprima plus tard cette formalité par la Novelle 119, ch. 9. La seconde des formes autorisées par Justinien est celle du testament nuncupatif, qu'il laissa réglé comme il l'avait été par les précédents empereurs (3). Il conserva aussi dans son Code la constitution de Théodose, relative aux règles des codicilles.

Enfin, on retrouve également dans les collections de Justinien ces formes spéciales dont nous avons déjà dit un mot, et qui étaient appropriées à des cas particuliers. Furgole (4) en compte huit, que nous nous bornerons à énumérer. Ce sont : 1° le testament *inter liberos :* toute disposition faite en faveur des enfants était dispensée de plusieurs des formalités requises (5); 2° tout testament fait *en faveur des successeurs ab intestat :* le nombre des témoins exigés n'était que de cinq (6); 3° le testament fait devant le prince, *principi oblatum* (7); 4° ou celui fait devant le magistrat, *apud acta* (8); 5° le testament fait par des gens habitant les campagnes, *rusticani :* cinq témoins seulement sont requis, et la signature d'un seul suffit (9); 6° le testament fait *en temps de peste :* il n'est pas nécessaire que la présence et la signa-

(1) Instit. *De testam. ordin.*, § 3.

(2) Instit. eod., § 4. — L. 29, C. *De testam.*

(3) Instit. eod., § 14.

(4) Traité des testaments. chap. 2, 15.

(5) L. ult. C. *Fam. ercis.* Constantin. — L. 21, § 3. C. *De testam.* Théodose et Valentinien. — Nov. 13, chap. 7; Nov. 107. Justinien. — Furgole voit, dans cette forme, l'origine de notre testament olographe, chap. 2, sect. 2, 18.

(6) L. 21. 5, C. *De testam.* Théodose et Valentinien.

(7) L. 19. C. *De testam.* Honorius et Théodose.

(8) L. ead.

(9) L. 31, C. *De testam.* Justinien.

ture des témoins ait lieu en même temps (1); 7° le testament fait *par un aveugle :* deux espèces de testaments, l'un nuncupatif, l'autre écrit, et accompagnés tous deux de garanties particulières, sont indiqués pour ce cas (2); 8° enfin le testament *du sourd-muet*, entouré aussi de quelques précautions spéciales (3).

Au fond, les réformes de Justinien portèrent sur les fidéicommis, qu'il assimila entièrement aux institutions d'héritier et aux legs; sur le concours des droits de l'héritier avec ceux des légataires et ceux des fidéicommissaires, concours déjà réglé d'une part par la loi Falcidia, de l'autre par les sénatus-consultes Trebellien et Pegasien (4); enfin sur les droits des enfants et les effets de l'action *de inofficioso testamento.* En ce dernier point, la législation de Justinien est devenue le type de presque toutes les législations modernes. Les causes d'exhérédation déjà précisées par les empereurs précédents furent rigoureusement déterminées par la Novelle 115. La part qui devait être laissée aux enfants, ou la légitime, fixée d'abord au quart, suivant les décisions des jurisconsultes classiques et les constitutions (5), fut réglée par la Novelle 18 d'après le nombre d'enfants : elle fut du tiers, s'il y avait quatre enfants ou moins; de moitié, s'il y en avait un plus grand nombre.

Ainsi, au point où nous sommes arrivés, le testament est bien différent de ce qu'il était aux jours de la domination patricienne. Libre des entraves matérielles qui l'empêchaient de se produire, il n'est plus soumis qu'aux conditions de

(1) L. 8, C. *De testam.* Dioclétien et Maximien.
(2) L. 8, C. *Qui testam. fac. poss.* Justin.
(3) L. 10, C. *De testam.* Justinien.
(4) Instit. *De fideic. hæred.*
(5) Instit. *De inoff. testam.*

forme qui suffisent pour rendre certaine la déclaration de la volonté du testateur. Le pouvoir de cette volonté est formellement reconnu, et, si quelques limites y sont posées, elles sont de droit naturel comme ce pouvoir même. La législation civile est devenue l'expression du droit social.

Ici s'arrête notre tâche. Indiquons cependant que ce travail pourrait être suivi avec un aussi grand intérêt, hors de la législation de l'empire romain jusqu'à nos jours. Il faudrait étudier encore le testament lorsque la féodalité cherche à l'étouffer, pour consolider son système de la conservation des biens dans les familles, tandis qu'il est protégé d'une part par l'Eglise, de l'autre par les légistes qui s'appuient sur le droit écrit. Il faudrait voir comment la faculté de disposer à cause de mort, repoussée par les coutumes sous la forme du testament, trouve encore un refuge dans l'institution contractuelle; comment, fortifiée par d'Aguesseau dans l'ordonnance de 1735, elle disparaît un instant sous l'oppression des lois révolutionnaires, et se relève organisée et ferme dans le Code civil. Une loi plus récente, celle du 14 juillet 1819, ajouterait un dernier trait à ce tableau. En reconnaissant à l'étranger le droit de disposer et de recevoir en France, de la même manière que tout Français, elle a fait sortir le testament de l'enceinte de la cité trop étroite pour lui; elle a proclamé sa véritable origine et son caractère universel.

Conséquence naturelle du droit de propriété qui est l'une des bases des sociétés humaines, reconnue par tous les peuples anciens et modernes, la faculté de tester a pris dans le droit romain toutes les formes par lesquelles passent ordinairement les facultés de l'homme, suivant qu'elles traversent les époques d'oppression ou de liberté. Sa nature nous a été mieux révélée encore par cette rapide histoire de ses transformations et de ses vicissitudes chez un peuple particulier.

Tous les genres de preuves se réunissent donc pour établir la vérité de la doctrine spiritualiste. Repoussé aujourd'hui de la philosophie, le matérialisme a vu lui échapper la société et la propriété dont il s'attribuait la création, pour les abandonner à toute l'instabilité des institutions humaines. Le testament revendique encore contre lui son origine naturelle. C'est dans l'immortalité de l'âme qu'il a trouvé son principe, c'est par elle qu'il mérite le respect des législateurs. La liberté de tester ne doit fléchir que devant une autre liberté naturelle : la sacrifier à un système politique, c'est briser par la force un des droits sacrés de l'humanité.

www.ingramcontent.com/pod-product-compliance
Ingram Content Group UK Ltd.
Pitfield, Milton Keynes, MK11 3LW, UK
UKHW020432230726
13925UKWH00004B/1698